AF312856

ZÉNÉÏDE,

COMÉDIE.

En un Acte, en Vers, avec un Divertissement.

PAR

Mr. DE CAHUSAC.

VIENNE EN AUTRICHE,

Chez Jean Pierre van Ghelen, Imprimeur de la Cour de sa Majesté Imperiale & Royale.

M D C C L I I.

ACTEURS.

LA FEE.

ZENEIDE.

GNIDIE.

OLINDE.

ZÉNÉIDE,

COMEDIE.

SCENE PREMIERE.

LA FEE, ZENEIDE.

LA FEE.

Vous voilà, Zénéide, un peu dédommagée,
   De la retraite où vous vivez ici.
    Mais d'où naît le nouveau souci,
Où votre ame paroît plongée ?
Je vous ai transportée en des lieux embellis
   Par l'Art, la Nature, & les Graces :
  Et cependant dans vos yeux attendris,
D'une vive douleur je retrouve les traces ? . . .
  Vous soupirez ? Avouez franchement,
Que la Fête pour vous avoit quelque agrêment.
Le Bal vous amusoit ; ce Palais vous ennuie.

ZENEIDE.

Fée aimable, il eſt vrai : tous ces nouveaux ob•
jets
Avoient pour moi quelques attraits :
Mais je vous ai d'abord ſuivie.

LA FEE.

J'en conviens ; mais en ſoûpirant,
Vous regardiez, en le quittant,
Avec des yeux de deſir & d'envie,
Ce Bal pour vous trop attrayant. . . .
Zénéïde, je vois votre ame toute nuë ;
J'y lis des ſecrets dangereux,
Qui ſe dérobent à vos yeux,
Et qui tous ont frappé ma vûë.

ZENEIDE *troublée.*

O Ciel ! Qu'ai-je donc fait de mal !
Auprès de vous j'ai vû le Bal,
Sur le Gradin, où vous m'aviez placée.
C'eſt tout, je crois. . . .

LA FEE.

Et cet air de courroux,
Que vous m'avez montré, quand je vous ai for•
cée
De garder ce maſque jaloux,
Qui malgré la foule empreſſée,
Des curieux qui rodoient près de nous,
Et plus encore malgré vous,
Aux regards vous tenoit cachée ?

ZENEIDE.

Il eſt vrai, vous m'avez fâchée. . , .
Et la chaleur du Bal. . . .

LA

LA ·FEE.
            Vous ne la fentiez plus.
Quand pour cette raifon j'ai voulu difparoître ?
          ZENEIDE *vivement.*
Mais pourquoi ces foins fuperflus ?
Pourquoi refufez-vous de me faire connoitre ?
Je vous dois tout ; & je ne vis jamais
        Ceux de qui le Ciel m'a fait naitre ?
C'eft de votre pouvoir que je tiens mes attraits.
        Puis je trop chérir vos bienfaits ?
        M'en parer, c'eft les reconnoitre,
            LA FEE.
Et vos vœux feroient fatisfaits,
Si vous aviez fait voir cette reconnoiffance,
A ce jeune inconnu, dont l'aimable préfence....
          ZENEIDE.
Oh ! Madame, je fçais fon nom.
          LA FEE.
Sçait il le vôtre ? & de quelle façon
Ma tendreffe a pris foin d'élever votre enfance ?
          ZENEIDE.
Il m'a tout demandé ; mais avec tant d'inftance...
          LA FEE.
Que vous avez tout dit ?
          ZENEIDE.
            Olinde eft fi preffant,
Il me prioit fi tendrement,
        Qu'il a vaincu ma réfiftance.
Mais j'ai mal fait peut être ?
          LA FEE.
            Il eft donc à vos yeux
Bien intéreffant, bien aimable ?
        A 3   ZE.

ZENEIDE.

Madame, il eſt charmant.

LA FEE.

									Peut-être dans ces lieux
Il s'eſt montré dans un jour favorable :
Et ſi vous le connoiſſiez mieux. . . .

ZENEIDE.

Il me plairoit ſans doute davantage.
Bien d'autres m'ont parlé ; mais leur air , leur
								langage,
Leur gayté, leur ton, , & leurs ſoins,
Leur empreſſement à me plaire,
Ont juſtement fait le contraire.
Ils avoient tant d'eſprit . . . .

LA FEE.

								Quand en a-t-il moins ?

ZENEIDE.

Je ne ſçai car je ſuis ſincére)
Mais avec lui je croyois en avoir.
Quand je pariois, ſes y ux me faiſoient voir,
Qu'il goutoit un plaiſir extrême.
Tous les autres de bonne foi,
Me paroiſſoient contens d'eux-même ;
Lui ſeul ne l'étoit que de moi,

LA FEE.

Je le vois, il eſt tems de rompre le ſilence;
Votre ſort va ſe déclarer.
On peut ſouvent par la prudence
Des Aſtres corriger la maligne influence,
L'év ter, ou la réparer.
Et ſi votre bonheur n'eſt pas en ma puiſſance,
								Je

Je dois au moins vous éclairer.
Dans un moment Olinde va paroître.

ZENEIDE.

Quoi, Madame dans ce Palais ? . . .
Quoi, tout à l'heure je verrois ? . . .

LA FEE.

Il vous verra trop tôt peut-être.
Zénéide, vous ignorez
Que ce penchant qui vers lui vous entraîne,
En le quittant cette cruelle peine,
Ce plaisir à le voir que vous vous figurez,
Tout ce que vous craignez, ce que vous desirez,
Est le premier accès d'une passion vive
Dont votre ame tendre & naïve
Brûlera tant que vous vivrez.
L'amour dans votre cœur, en un mot, vient
d'éclore.

ZENEIDE.

L'amour! Seroit-ce un mal? Est-ce un bien? Je
l'ignore.

LA FEE.

Il peut causer le malheur de vos jours.

ZENEIDE.

Vraiment ma frayeur est extrême.

LA FEE.

Mais si votre Olinde vous aime
D'un amour qui dure toûjours,
Comptez fur un bonheur fuprême
Dont rien n'alterera le cours.

ZENEIDE.

Mais en ce cas l'Amour n'est pas si redoutable.

LA FEE.

Vous sçavez, je le vois, que vous êtes aimable.

ZENEIDE.

Eh mais … Peut-être Olinde m'aimera.

LA FEE.

Puisqu'il est homme, il changera.

ZENEIDE.

Ah! Je n'en doute point, je serai malheureuse.
Je ne sçaurai jamais changer.

LA FEE.

Ce n'est pas tout. Une loi rigoureuse
Menace vos jours d'un danger
Dont tout mon Art ne peut vous dégager.
Apprenez des secrets que je ne dois plus taire.
Dès que vous reçûtes le jour,
J'accourus ; je vous vis avec des yeux de Mere ;
Et trop aveugle en mon amour,
D'un préjugé fatal suivant l'extravagance,
Pensant en femme enfin, je crûs que la beauté
Pour notre sexe étoit le bien par excellence,
La suprême félicité.
Ainsi j'épuisai ma puissance,
Pour vous doüer de tous les vains attraits
De la plus brillante figure.
Tout mon art me servit pour embellir vos
traits ;
J'abandonnai le reste à la nature.
La Fée Urgande en ce moment parut :
Mon ame à son aspect s'émut ;
Ses regards menaçans m'annonçoient sa colére.

,, Tu

„ Tu connoîtras un jour comme l'on doit aimer,
       (Me dit-elle d'un ton févére)
Par mes refpeéts je crus en vain la défarmer.
Elle approche de vous, vous touche, vous em-
                                     braffe ;
J'ignore fi c'étoit ou faveur, ou difgrace,
       Q'Urgande alors verfoit fur vous:
     Mais par les maux dont elle vous menace,
       Je dois juger de fon courroux.

ZENEIDE.

     Je tremble. Achevez, je vous prie,
       Quels malheurs ai-je à redouter?
Olinde, aurois-je à craindre pour ta vie ?

LA FEE.

Voici fes propres mots ; je vais les répéter.
     Zénéïde, tu feras belle ;
Mais crains l'Amour : s'il bleffe un jour ton cœur,
       Ta beauté deviendra laideur,
Si tu ne plais à ton Amant fans elle.

ZENEIDE.

O Ciel ! Je deviendrois ? . . .

LA FEE.

             Ouï, laide à faire peur.

ZENEIDE.

     Olinde me trouveroit laide !
Ah ! Qu'il ne vienne point ; je mourrois de dou-

LA FEE.   leur.

Au pouvoir de la Fée il faut que le mien céde.
       Et puifqu'Olinde vous a plû,
     Il faut le voir, &, s'il fe peut, lui plaire,
       Comme Urgande l'a réfolu.

Sur votre amour sur tout, ayez soin de vous taire.
    Pour le projet que j'ai conçu
C'est le point capital.

ZENEIDE.

                Et le plus difficile.
Car enfin, s'il m'aimoit, pourrois je lui celer ? . . .
    Je ne sçai point dissimuler,
Ma bouche garderoit un silence inutile,
    Et malgré moi mes yeux sçauroient parler.

LA FEE.

Et la laideur ?

ZENEIDE.

                Vous me faites trembler.
Instruisez-moi ; que faut-il que je fasse ?

LA FEE.

Eh mais. . . . Votre état m'embarasse.
    Les hommes sont si dangereux !
Il est si mal-aisé d'en trouver un sincère !
    Tel qui le paroît à nos yeux
    N'est qu'un fourbe qui cherche à plaire
    Avec des dehors spécieux.
    Le caprice régle leurs vœux,
    Ou la vanité les fait naître.
    Volages, Ingrats, Orgueilleux,
Le cœur préfére au plaisir d'être heureux,
    Le faux honneur de le paroître,
    Et le plus modeste d'entr'eux
    Sur cet article est Petit-Maître.

ZENEIDE.
Que c'est penser bien faussement !

                            Ah!

Ah! Si je joüissois du plaisir d'être aimée,
Je sçaurois renfermer ce secret important
   Entre mon cœur, & mon Amant.
   Mais hélas mon ame allarmée
   A d'autres soins doit se livrer!
   Non, je ne dois plus esperer
   Un bonheur qui m'auroit charmée!
LA FEE
   Pourquoi non? Il est un moyen.
ZENEIDE *vivement.*
Un moyen? Quel est-il?
LA FEE *malignement.*
        J'aurois quelqu'esperance
Si par hazard Olinde pensoit bien,
La chose seroit rare & passe l'apparence:
   Elle est possible cependant,
On à vu quelquefois la nature propice
   Faire par un heureux caprice
   Des miracles en se jouant.
ZENEIDE.
S'il pensoit bien enfin . . .
LA FEE.
      Il ne vous a point vûë,
   Le masque a voilé vos attraits,
   Et cependant son ame s'est émûë?
   Par ses adieux, par ses regrets,
J'ai vû combien pour vous elle étoit prévenuë.
ZENEIDE.
   Je m'en étois aussi-bien apperçûë,
   D'ailleurs, ce qu'il m'a dit tout bas. . . .
Tous les hommes n'ont point cet air tendre &
               timide.
         LA

LA FEE.

A nous tromper ils trouvent tant d'appas,
Que ce plaifir eft le feul qui les guide.

ZENEIDE *vivement.*

Tenez, s'il en eft un qui ne foit point perfide,
Je gagerois qu'Olinde ne l'eft pas.

LA FEE.

Eh bien, éprouvons fa tendreffe.
Gardez-vous de lui découvrir
Combien pour lui votre cœur s'intereffe.
Et cependant pour obéir
Aux ordres abfolus d'Urgande,
A votre amant cachez votre beauté.
Tâchez de l'enflammer comme elle le commande.
Que le mafque avec fermeté
Dérobe à fes regards. . . .

SCENE II.

GNIDIE, en habit négligé. LA FEE,
ZENEIDE.

GNIDIE.

(*à la Fée.*)
Zénéïde . . . . Ah ! Madame,
Pardonnez-moi. . . . Je ne vous voyois pas.

LA FEE.

Qu'avez-vous donc ? D'où naît cet embarras ?

GNI-

GNIDIE.

Rien n'eſt égal au trouble de mon ame.
J'ai vû dans les Jardins. . . . Son air eſt enchan-
teur. . . .

Dieux ! Que ſa figure eſt jolie !
Vous m'accuſez peut-être de folie, . .
Mais je l'ai vû, vous dis - je, & j'en crois bien
mon cœur.

LA FEE.

Qui donc avez-vous vû, Gnidie?

GNIDIE.

Un jeune homme charmant. Faut-il le répéter?

ZENEIDE *à la Fée.*

Ah! C'eſt lui ; je n'en puis douter.

LA FEE *à Gnidie.*

Et vous auroit-il apperçûë?

GNIDIE.

Je me flatte bien qu'il m'a vûë ;
Mais je n'oſerois l'aſſurer.
Il étoit encor loin . . , j'étois ſi négligée. . . .
J'ai fui pour aller me parer.
Si j'euſſe été mieux arrangée. . . .

LA FEE.

J'entens ; vous auriez pris grand ſoin de vous
montrer?

GNIDIE *vivement.*

Pour le revoir je vais me préparer,
(*à Zénéïde.*)
Si je prenois l'habit & la coëffure
Que je portois lorſqu'on fit mon portrait?
Je

Je préfère cette parure.
(*à la Fée.*)
Elle est de votre goût, & me sied tout-à-fait.
Adieu ; je vole a ma Toilette.

SCENE III.
LA FEE, ZENEIDE.

ZENEIDE *très-vivement.*

AH! Madame, elle lui plaira.
Deffendez lui. . . . .
LA FEE.
Quoi, ma filie, déja
Un foin jaloux vous inquiéte ?
Raffurez-vous.
ZENEIDE *avec dépit.*
Sans ce mafque importun. . . . .
Ou fi Gnidie en avoit un
Je ne la redouterois guére :
Mais elle eft belie ; elle voudra lui plaire ;
Olinde verra fes appas. . . . .
LA FEE.
Qu'importe s'il vous aime ?
ZENEIDE.
Il peut changer pour elle.
LA FEE.
Aux ordres d'Urgande, en ce cas,
Il eft aifé d'être fidelle.
Vous ferez belle, au moins.

ZE-

ZENEIDE.

Et s'il ne m'aimoit pas,
Que m'importeroit d'être belle ?
LA FEE.
J'entens du bruit.
ZENEIDE.
Le cœur me bat. C'eſt lui,
(*à la Fée.*)
Quoi ! Vous m'abandonnez ;
LA FEE.
Il vient. Soyez prudente.
Vous m'entendez.

S C E N E IV.

ZENEIDE ſeule, en remettant ſon maſque.

HE'las ! Je craignois aujourd'hui
De le revoir trop tard au gré de mon attente ;
Et maintenant inquiete, tremblante, . . .

SCENE V.

OLINDE, ZENEIDE.

OLINDE.

JE la revois !... Zénéïde, c'est vous ?
Que ce moment est flatteur pour ma flâme !
Je soûpirois après un bonheur ausi doux ;
Et je sentois vers vous voler mon ame.

ZENEIDE *à part.*

Tout ce qu'il dit, je le ressens.

OLINDE.

Mais quoi ! Pour prix d'une ardeur aussi tendre
Vous détournez de moi ces regards si touchans ;
Vous paroissez ne pas m'entendre.

ZENEIDE *en se retournant.*

Pardonnez-moi, je vous entens.

OLINDE.

Que vois-je ? O ciel ! ce masque insupporta-
ble
A mon amour encor dérobe vos attraits !
Eh ! Ne dois-je vous voir jamais
Que sous un voile impénétrable ?

ZENEIDE.

Hélas ! j'en suis fâchée ; & je desirerois
Vous voir avec moins de mystére ;
Mais. . . .

OLINDE.

Eh bien ?

ZE-

ZENEIDE.

Oh ! Je ſçai me taire.
(à part, faiſant un mouvement pour ſortir.)
Il faut le fuir ; je me perdrois.
Avec trop de plaiſir je ſens que je l'écoute
(à Olinde.)
Olinde, laiſſez moi. Par une feinte ardeur.
Vous voulez me tromper, ſans doute.

OLINDE.

Moi vous tromper ;

ZENEIDE.

La Fée a, par bonheur,
Eu l'attention de m'inſtruire.
Ce déſir curieux, ce langage flatteur,
Sans elle auroient pû me ſéduire. . .
Encore un coup, Olinde, laiſſez-moi.
Je ſçai que l'homme le plus ſage,
Eſt ingrat perfide, ou volage ;
Et vous me manqueriez de foi.

OLINDE.

Ah, Zénéïde quel langage !
Un tel ſoupçon m'accable de douleur.
On connoît peu les hommes à mon âge ;
Mais croyez-en mon témoignage,
Ils vous ont été peints avec trop de rigueur.
Les vices ne ſont point leur unique appanage :
Quelques vertus parlent en leur faveur ;
Et la conſtance au moins doit être leur partage,
Si je juge d'eux par mon cœur.
Daignez donc me rendre juſtice ;
Arrachez ce maſque odieux ;

BA mes

A mes désirs soyez enfin propice.
Zénéide, ces traits qui combleroient mes vœux,
S'ils étoient offerts à mes yeux,
Par vos refus font mon supplice.
Est-ce par haine, ou par caprice,
Que vous me rendez malheureux?

ZÉNÉIDE *portant la main à son masque.*
(*à part.*)
Je cède à son ardeur extrème.
(*retirant sa main avec précipitation.*)
S'il me trompoit!.... S'il se trompoit lui-même!...

OLINDE.

Que vois je? Ce trouble flatteur
Vous parle-t-il en ma faveur?

ZENEIDE.

(*à part les deux premiers vers.*)
Je ne sçais où j'en suis, & ma raison s'oublie.
Ah, s'il s'apperçevoit!.... Me serois-je trahie?
(*à Olinde.*)
Je ne vous aime pas, au moins.

OLINDE.

Je ne le vois que trop, ingrate,
Je vous deplais ; vous rejettez mes soins!....

ZENEIDE.

Que dites-vous?

OLINDE.

Mon désespoir vous flatte,
Vous me le faites trop sentir.
Oui, vous me haïssez..... Et bien, il faut vous
fuir.

ZE-

ZENEIDE.

Mais je ne vous haïs point ; je le sçai bien, peut-
être.

OLINDE.

Par mon amour laissez-vous donc fléchir.

ZENEIDE *à part.*

De mon secret mon cœur n'est plus le mai-
tre.

(*à Olinde.*)
Olinde, vous m'aimez ?

OLINDE.

Pouvez vous en douter ?

ZENEIDE.

Prouvez-le moi par votre obéissance.

OLINDE.

Commandez, je puis tout tenter.

ZENEIDE.

Je dois chacher mes traits , & garder le silence.

OLINDE.

Ah ! Zénéïde, voulez-vous
Désespérer un cœur qui vous adore ?
Pourquoi voiler vos appas les plus doux ?
Pourquoi ce masque que j'abhorre,
Quand l'Amour seul est en tiers avec nous ?
(*Il se met à genoux.*)
Je vais mourir à vos genoux ,
Si je n'obtiens la faveur que j'implore.

ZENEIDE.

Ah !

 OLIN-

OLINDE.

Ce soupir est-il favorable à mes feux?
Montrez-vous, & je suis heureux ;
Cedez à mon impatience.

ZENEIDE.

(à part.)

Hélas! S'ils sont tous si pressans,
Contr'eux de quel secours peut-être la prudence?

OLINDE.

Ma chére Zénéïde! . . .

ZENEIDE.

Olinde!...Ah, quels momens !

OLINDE.

Qu'ils seroient doux pour moi sans votre rési-
stance!

(Il se leve pour lui ôter son masque.)

Ah! Permettez. . . .

ZENEIDE.

Non, je vous le défends.

OLINDE *continuant.*

O Ciel! Quelle injuste défense !

ZENEIDE *en se défendant.*

Olinde, finissez

OLINDE *avec plus d'ardeur.*

Mes feux sont trop ardens
Pour cet effort d'obéïssance.
Je meurs des transports que je sens.

ZENEIDE *vivement.*

C'en est trop ; arrêtez, ou craignez ma colère.

OLIN-

OLINDE.
Quoi? Ne peut il m'être permis?....

ZENEIDE.
J'ai le courage néceſſaire
Pour me cacher, & pour me taire,
Quand vous ceſſez d'être ſoumis.

OLINDE.
Vous le voulez ; malgré moi j'obéïs :
Mais j'entrevois le fonds de ce myſtére.

ZENEIDE.
Eh ! Qu'entrevoyez vous ?
OLINDE *à part.*
Piquons ſa vanité.
ZENEIDE.
Parlez.

OLINDE.
Puiſque je ſuis forcé d'être ſincère. ...
On ne ſe cache point quand on a de quoi plaire.
ZENEIDE *piquée.*
Ainſi vous augurez fort mal de ma beauté.

OLINDE.
Mais ſans le croire ... Je ſoupçonne ...
ZENEIDE
Fort bien ; j'entens cette ſincérité,
(*à part.*)
Ah, ſi j'oſois !.... Mais non : du moyen qu'il me
donne
Profitons pour ſonder les replis de ſon cœur.
(*haut.*)
Votre ſoupçon n'eſt que trop véritable.
B 3
Olin-

Olinde, à cet aveu vous forcez ma candeur.
Il est trop vrai, pour mon malheur,
Que mes traits n'ont rien d'agréable.
Voilà tout mon secret,

OLINDE.

Non je ne vous crois pas.
Mon cœur me parle, il me peint vos appas ;
Et c'est lui seul que j'en veux croire.

ZENEIDE.

Vos soupçons. . . . .

OLINDE.

J'espérois de vaincre vos refus,
En intéressant votre gloire.

ZENEIDE.

Ils sont fondez.

OLINDE.

N'en parlons plus ;
Ils étoient feints ; perdez en la mémoire.

ZENEIDE.

Ils n'ont pour moi rien d'offensant.
La beauté me rendroit peu vaine :
C'est une fleur qui flatte, & qui plaît un instant,
Mais qui périt presque en naissant ;
Et ma laideur ne me fait point de peine.

OLINDD.

Ah ! Vous avez beau dire, & je ne vous croi
point :
Non la femme la plus sincère
Ne le fût jamais sur ce point.
La plus laide croit le contraire.

Vous

Vous êtes belle, & très-sûre de plaire ;
Votre miroir vous l'a dit trop souvent :
J'en jurerois s'il étoit nécessaire,
 Sur votre discours seulement.
   ZENEIDE.
Votre obstination m'excéde.
Je me connois, apparemment,
Et je vous dis que je suis laide.
Plus de dispute, ou . . . Je me fâcherai.
   OLINDE,
Vous m'y forcez ; eh bien, je vous croirai.
   ZENEIDE.
     (à part.)
Vous me croirez ! Il le pense, le traitre ?
  (à Olinde, timidement.)
Et cet amour, qu'avoit fait naitre
Un vain phantôme de beauté,
Dont votre cœur s'étoit flaté
Avant que de me bien connoitre,
Apparemment va disparoitre
Avec l'erreur qui l'avoit enchanté ?
   OLINDE.
Non. Mon amour sera toûjours le même.
 Vous voulez en vain m'allarmer.
 Fussiez - vous laide. . . . Je vous aime,
Et je ne cesserai jamais de vous aimer.
   ZENEIDE.
Quoi ? Si j'étois d'une laideur extrême. . . .
   OLINDE,
Mais vous ne l'êtes point.
   ZENEIDE.
    Enfin si je l'étois !
  B 4   OLIN-

OLINDE.

Je sens que je vous aimerois,

ZENEIDE.

(*à part.*)

Je jouis d'un bonheur suprême.

(*à Olinde.*)

Olinde, est - il bien vrai ? Ne vous trompez-
vous pas ?

D'un tel effort un homme est-il capable ?

OLINDE.

Soit que le masque favorable
Vous prête à mes yeux des appas,
Soit qu'il couvre un visage aimable,
Par un penchant insurmontable
Auprès de vous je me sens arrêté,
Ce son de voix, cette ingénuité,
Vos graces, votre esprit, ce soûrire agréable,
Ces regards qui, malgré ce masque qui m'ac-
cable,
Portent le sentiment jusqu'au fond de mon
cœur,
Me font trop éprouver que leur appas vain-
queur,
Même sans la beauté vous rendroit adorable.

ZENEIDE.

C'en est assez ; je suis dans un ravissement. . . .
Olinde !. . . . O Ciel ! Quelle est ma joie !. . . .
Je vais trouver la Fée ; il faut que je la voie. . . .
Olinde, attendez un moment.

OLINDE.

Ah ! Permettez-moi de vous suivre.

ZE-

ZENEIDE.

Non demeurez; je reviens à l'inftant.

(*Elle fort.*)

(*Au fond du Théatre, avant de fortir.*)

Ne vous en allez pas, au moins.

SCENE VI.

OLINDE feul.

AH quel tourment!
Dans cet état je ne fçaurois plus vivre.
Eft-il bien vrai qu'elle ait dit fon fecret?
Seroit-elle laide en effet?
Qu'importe après tout? je l'adore....
Pourvû qu'elle m'aime à fon tour....
Je lui ferai garder le mafque tout le jour....
Mais quelqu'un vient..... Eft-ce Venus, ou
Fiore?

SCENE VII.

GNIDIE, OLINDE.

GNIDIE *à part.*

C'Eft lui-même; approchons, qu'il puiffe voir
mes traits.

OLINDE *à part.*

Quelle parure, & quels attraits!
Que cet ajuftement fied bien à fon vifage!...

Zénéide sans ces apprêts
     Me plaît cependant davantage.
   (*à Gnidie*)
On doit goûter ici le bonheur le plus doux,
On doit y rencontrer tous les plaisirs ensemble,
Si les objets divers que la Fée y rassemble,
     Sont tous aussi charmans que vous.

GNIDIE

Vous me trouvez donc bien? Ah, qu'un homme
                         est aimable!
     Croiriez-vous que dans ce séjour
Personne ne m'a dit encor rien de semblable?

OLINDE.

On est donc peu galant.
               ### GNIDIE.
                    Et fort peu véritable.
La Fée a seulement des Femmes à sa Cour:
     Elles me controllent sans cesse.
   Venus viendroit qu'elles se croiroient mieux,
   Un rien aigrit leur esprit envieux,
   Et quelque chose en moi toûjours les blesse.
Je leurs rends bien aussi tendresse pour tendresse,
     Et je les juge à la rigueur ;
   Sur ce point-la je n'ai point de scrupules.
     Par leur figure, ou leur humeur,
     Je les vois toutes, par bonheur,
     Sotes, laides, ou ridicules ;
     Et je les haïs de tout mon cœur.

OLINDE.

   (*à part*)
Le charmant naturel! Elle ressemble aux autres;
                         Elle

Elle est, de plus, de bonne-foi.
(*à Gnidie.*)
Mais dans ce Palais, dites-moi,
Ne voyez-vous de charmes que les vôtres ?
N'est - il point quelque objet que vous puissiez
louër ?

GNIDIE.

Mais j'y vois tant de monde ; & d'ailleurs je suis
bonne. . . .
Je suis pourtant contrainte d'avouër
Que je n'y rencontre personne
Dont les défauts ne frappent mes regards.
La Fée est, par exemple, injuste, impérieuse ;
Pour nous à tous momens elle manque d'égards.
Floride que l'on vante, est belle, généreuse ;
Et sa taille majestueuse
Au premier abord éblouït :
Mais la voit-on de près, bien tôt le charme fuit.
Un dehors aprêté cache une ame orguëilleuse ;
Son ton rebute, choque, aigrit ;
Elle est méchante, ingrate, dédaigneuse ;
L'impertinence, en un mot, l'enlaidit.
Ainsi des autres. La Nature
De mille attraits en vain les embellit :
Elles déparent leur figure
Par les travers de leur esprit.

OLINDE.

Votre pinceau ne flatte guère.

GNIDIE.

Il est moins malin que sincère.
Je peins d'après l'original.

OLIN-

OLINDE *avec timidité.*

Et Zénéide?

GNIDIE.

Eh mais . . . . elle est en droit de plaire,
Je le trouve assez bien; son esprit est égal;
Elle a d'ailleurs un fort bon caractère.

OLINDE.

(*à part.*)
Elle est laide; la chose est claire,
Puisqu'elle n'en dit point de mal.
(*à Gnidie.*)
Vous l'aimez donc beaucoup?

GNIDIE.

Oui, tout le monde l'aime.

OLINDE.

(*à part.*)
Voilà du moins mon goût justifié.

GNIDIE.

La Fée a pour nous deux des momens d'amitié.
Sa bonté pour lors est extrême.
Peindre & broder font ses amusemens.
Elle a voulu dans un de ses momens
Faire mon Portrait elle-même.
Il est vraiment joli. Les Ornemens sur tout....
Je vous le ferai voir. Je vous crois de bon goût.
Eh bien, dans ce Palais, soit basse jalousie,
Ou défaut de discernement,
La seule Zénéide, oui, seule exactement,
Fut assez juste ou bien assez polie,
Pour me trouver encore plus jolie
Que ce Portrait qu'on vantoit tant.

OLIN-

OLINDE.

Sans doute elle fut juste autant que bonne
amie :
Et pour peu qu'il soit ressemblant. . . .

GNIDIE.

Oh! ce n'est pas en beau qu'il me ressemble.
Je vous l'ai dit, vous le veriez ;
Comme elle vous en jugerez.
Nous nous retrouverons quelqu'autrefois ensem-
ble.

Mais, je vous prie, êtes-vous seul ici ?
Nous n'allons que par compagnie :
Apparemment les hommes vont ainsi ?
(à part.)
Où sont vos Compagnons? Il me trouve jolie,
Ils auront de bons yeux aussi.

OLINDE *à part.*

Ah, quel fonds de conquetterie !
(à Gnidie.)
Je suis arrivé seul.

GNIDIE.

Quoi, seul dans ce Palais ?

OLINDE.

Ouï, seul. Cela vous mortifie ?
Pour la gloire de vos attraits
C'est trop peu que de mon suffrage ?

GNIDIE.

Je ne dis pas cela ; mais enfin, je voudrois. . . .

OLINDE.

Forcer tout à vous rendre hommage ?
GNI-

GNIDIE.

La Fée approche ; adieu. Je vous quitte à regret.
(*à part*)
Je vois qu'il me trouve charmante.
Courrons à Zénéide apprendre ce fecret ;
J'en veux faire ma confidente.

SCENE VIII.

OLINDE feul.

Que Zénéide eft différente!
Les qualités du cœur font les feuls vrais tré-
fors :
Sans elles, la beauté ceffe d'être piquante.

SCENE IX.

LA FEE, OLINDE.

LA FEE *en entrant.*

J'Ai pour un tems retenu fes transports,
Je veux le voir moi-même, avant qu'elle s'ex-
pofe. . . .

OLINDE.

De mes chagrins vous connoiffez la caufe.
Le pouvoir de votre Art fans doute dans mon
cœur

Vous

Vous fait lire comme moi-même.
Vous voyez mon amour extrême.
J'attends de Zénéïde & de vous mon bonheur.

LA FEE.

Je vous ai transporté dans ce séjour aimable
Dans le dessein de vous unir tous deux.
Espérez tout, si d'un amour durable
Vous sentez les sincères feux.

OLINDE.

Quoi! je pourrois me flatter d'être heureux...

LA FEE.

J'ignore si pour vous son ame s'intéresse.
Il me suffit, pour vous unir,
De connoître votre tendresse.
Zénéïde est bien née, & sçaura m'obéir.

OLINDE.

Ah! Madame, qu'osez-vous dire?
Sa main est le seul bien que mon ame désire,
Mais de votre Pouvoir (en dussai-je perir)
Je n'attens point le bonheur où j'aspire
Ce n'est que de son cœur que je veux l'obtenir.

LA FEE.

J'aime à trouver en vous cette délicatesse.
Mais examinez-vous. Parlez-moi franchement.
Zénéïde a de la jeunesse,
Des graces, de l'esprit, beaucoup de sentiment?
Mais voilà tout: & sa laideur est telle. . . .

OLINDE.

Elle est donc laide, absolument?

LA

LA FEE.

Ouï : je vous en ferois un Portrait infidelle
Si je la peignois autrement.

OLINDE.

Avec de si beaux yeux peut-on n'être pas belle!

LA FEE.

Mais d'où naît cet étonnement?
Sur ce point elle a dû vous parler sans myſtère.

OLINDE.

Ah! je ne ſçai. Mon amour se flattoit,....
J'eſpérois qu'elle me trompoit.
Sur ſa laideur, êtes vous bien ſincère?

LA FEE.

Vous en ſerez sans doute révolté.

OLINDE.

Non. Ses graces ſon caractère,
M'ont ſéduit ; j-en ſuis enchanté.
Et dans le fonds, la ſolide Beauté
N'eſt autre que le Don de plaire.
Qu'elle paroiſſe donc ; & je vais à vos yeux
Lui conſacrer mon amour & ma vie.

LA FEE.

Si vous voyez avant!.... Ouî,...ce ſeroit bien
mieux.
J'ai ſur moi ſon Portrait.

OLINDE *avec empreſſement.*

Madame, je vous prie,
Permettez-moi de la voir un inſtant.

LA FEE.

(*à part.*)
Tenez. Il va fubir une épreuve cruelle ;
  Mais le bonheur de tous deux en dépend.

OLINDE *prefque effrayé.*

Que vois-je ? O Ciel ! Eft ce bien elle ?

LA FEE *malignement.*

Elle eft flattée un peu ; mais un Peintre prudent
  Doit quelquefois embelir fon Modelle.

OLINDE.

Et ce Portrait, dites-vous ; eft flatté ?

LA FEE.

Sans doute. Eh quoi ? Déja vous voilà rebuté ?
  A vos transports un froid mortel fuccéde ?

OLINDE.

Il faut en convenir, je la croyois moins laide.

LA FEE.

Je vous l'avois bien dit ; fes traits font odieux.
Avouez maintenant que cette ardeur fi tendre
  Eft déja loin. . . .

OLINDE.

  Ce font pourtant fes yeux ;
Et tous fes traits, à le bien prendre,
Ne font point mal.

LA FEE.
Mais l'enfemble eft affreux.

C   OLIN-

OLINDE.

Affreux? C'eſt trop. Sa laideur. . . .

LA FEE.

Eſt extrême.

OLINDE,

Elle n'a rien dans le fonds de choquant.

LA FEE.

Quoi? Vous trouvez. . . .

OLINDE.

Et j'y remarque même
Quelque choſe d'aſſez piquant.
Examinez, Madame, cette bouche.

LA FEE.

La bouche eſt aſſez bien.

OLINDE.

Mais je vous dis fort bien,
Elle a ce ſourire qui touche
Qu'on ne peut comparer qu'au ſien,

SCENE X.
ZENEIDE, GNIDIE, LA FEE, OLINDE.

ZENEIDE *toûjours masquée.*

MAdame, il me trompoit ; il adore Gnidie.
        (*à Olinde.*)
Ah, vous voilà ?

GNIDIE *à Olinde.*
                Vous me trouvez jolie ?
N'est-il pas vrai que vous me l'avez dit ?

OLINDE *froidement.*
Je vous l'ai dit & je vous le répéte.

ZENEIDE *à la Fée.*
Même à mes yeux il me trahit !

OLINDE *à Gnidie.*
Votre figure est sans doute parfaite ;
Pour la trouver ainsi le seul bon goût suffit.

GNIDIE *à Zénéïde.*
Eh bien, vous trompois-je ma chére ?
Allez, je suis sûre de plaire ;
Et j'en crois mes attraits moins que votre dépit.

LA FEE *à Zénéïde.*
Quoi, vous pleurez ?

ZENEIDE.
                Je suis désespérée.

                    OLIN-

OLINDE.

Zénéide !

ZENEIDE.

Que je la haïs !

LA FÉE.

Ici toutes vivoient en paix ;
Un jeune homme survient, la guerre est déclarée.

OLINDE.

Vous pouvez soupçonner ? . . .

ZENEIDE.

Oh ! je vous connois bien.
N'esperez pas de me tromper encore.
Mais quel est ce Portrait ? C'est sans doute le sien ?

OLINDE.

C'est le Portrait de celle que j'adore.

GNIDIE *d'un air reservé.*

Quoi ! Madame, si-tôt vous a donné le mien ?

OLINDE *à Gnidie.*

Vous vous trompez ; & c'est celui d'une autre.

GNIDIE.

Il extravague ; & je n'y comprends rien.

ZENEIDE.

Mais ce Portrait, quel est-il ?

OLINDE.

C'est le vôtre.

ZE-

ZENEIDE.

(Elle prend le Portrait.)
Le mien ? Je veux le voir,

LA FEE.

Il va lui faire peur.

ZENEIDE *en jettant le Portrait.*
O Ciel ! quelle eſt cette impoſture ?
C'eſt un vrai monſtre de laideur.

OLINDE.

Mais point du tout.

ZENEIDE.

C'eſt elle, j'en ſuis ſûre,
Qui m'a joüé ce rout ſanglant.
Elle trouve ſon compte à m'avoir enlaidie.

GNIDIE.

Je lui plais ſans ſupercherie,
Et je triomphe en me montrant.

OLINDE.

Enfin ce Portrait, je vous prie,
Qu'a-t-il donc de ſi déplaiſant ?
(Tendrement.)
Il eſt le vôtre ; & mon ame ravie. . . .

ZENEIDE.

Finiſſez la plaiſanterie.

OLINDE.

Je ne plaiſante point.

ZENEIDE.

Quel procédé choquant !
C 3   OLIN-

OLINDE *à la Fée.*

Madame, expliquez donc. . . .

LA FEE *en riant.*

Sur ce point important
Nous n'entendons point raillerie,

ZENEIDE.

Je suis outrée ; & mon dépit. . . .

LA FEE.

(*à Zénéïde.*)   (*à part.*)
Calmez vous donc. Sa colère est plaisante.

GNIDIE *ironiquement.*

De quoi se fâche-t-elle ? On la trouve charmante.

OLINDE *fâché, en montrant le Portrait.*
Mais elle l'est sans contredit.

ZENEIDE.

Il me fait un outrage à chaque mot qu'il dit.
(*à Olinde.*)
C'en est trop. Je t'aimois. . . .

LA FEE.

Souvenez vous d'Urgande.

ZENEIDE.

Il n'est plus rien que j'appréhende.
Ouï, je t'aimois. . . .

OLINDE.

Est-ce vous que j'entends ?

ZE-

ZENEIDE.

Mais son orgüeil ta perfidie
Change en haine pour toi mes tendres sentimens.

OLINDE.

Plûtôt arrachez-moi la vie.

ZENEIDE.

Pour me venger en même tems
De ta legéreté, de sa conquetterie,
Regarde, ingrat ; vois si Gnidie
Auroit dù l'emporter sur moi.

(Elle se démasque.)

OLINDE *reculant d'étonnement.*

Que vois-je ? O Ciel !

ZENEIDE.

Sans doute Urgande m'a punie ;
Je suis horrible, il recule d'effroi.
(à la Fée.)
Madame, suis-je bien affreuse ?

LA FÉE *en riant.*

Un peu moins que votre Portrait,

OLINDE.

Est-ce une illusion flatteuse ?
Je n'ai rien vû de si parfait.

GNIDIE.

Le sot ! En ma présence il vante Zénéide.

ZENEIDE.

Quoi, je ne suis point laide ?

C 4

OLIN-

OLINDE.

Ah! Le jour eſt moins beau,
Mais ces attraits, à l'Amour qui me guide,
Ne prêtent point un feu nouveau.

ZENEIDE *à la Fée.*

Je l'aime, je l'ai dit, & je ſuis encor belle!
Il n'eſt donc point perfide.

LA FEE *en riant.*

Eh mais . . . il le ſoûtient.

GNIDIE.

C'eſt maintenant qu'il le devient.

OLINDE *à Zénéïde.*

Madame eſt le témoin de mon ardeur fidéle.

ZENEIDE.

Mais Gnidie! . . .

OLINDE.

Il eſt ſûr que je n'aime que vous.
Je vous le jure à vos genoux.

GNIDIE.

Quoi, vous changez ainſi? Car vous m'avez aimée.

OLINDE.

Sans que l'ame ſoit enflâmée,
On peut loüer de bonne foi.

GNIDIE *en ſortant.*

Ah, le volage!

SCENE XI.
LA FEE, ZENEIDE, OLINDE.
ZENEIDE.

ET le Portrait?

LA FEE.

                C'eft moi
Qui voulois l'eprouver. Ceffez d'être allarmée.
  Heureufemeut, mes foins ont réüffi.

OLINDE.

  Eh pourquoi m'éprouver ainfi ?
Quoi ! Votre art dans les cœurs ne vous fait - il
                   pas lire ?

LA FEE.

  Mon art eft foumis à l'Amour.
  Mais ne fongeons plus en ce jour
  Qu'à couronner les feux qu'il vous infpire,

ZENEIDE.

Je puis donc, fans trembler, vous aimer, vous le
                   dire ?

OLINDE.

  Je vous adore ; & vos divins appas
    Sont de nouveaux biens que j'admire :
    Mais je ne les defirois pas.
LA FEE *à Olinde.*
Votre ame s'eft renduë à des charmes durables !
Ceux qu' offre la beauté font bien moins défi-
                  rables,

   Et s'envolent avec les ans.
         D   Un

Un folide bonheur fera votre partage ;
Et l'Amour, de vos cœurs guidant les fentimens,
Triomphera jufqu'au déclin de l'âge
Et de l'habitude & du tems.

LA FEE *continuë.*

Qu'à ma voix ces Lieux s'embelliffent !
Vous, qui vivez heureux fous mes commande-
mens,
Venez, raffemblez-vous ; que vos chants applau-
diffent
A la félicité de ces tendres Amans !

SCENE XII. & DERNIERE.

LA FEE, ZENEIDE, OLINDE. LES GENIES, la Troupe de jeunes Filles éle-vées dans le Palais, accourent & danfent.

UNE SUIVANTE DE LA FEE.

Cantatille.

L'Amour animé ces retraites.
Déja le fon de nos Mufettes
Se reffent des plaifirs dont jouït votre cœur.
Ce Dieu charmant, dans les airs va répandre
Une aimable & douce langueur
Le foufle des Zéphirs embellit chaque fleur,
Dés Roffignols le ramage eft plus tendre :
Tout exprime votre bonheur.

(On danfe.)

UNE

UNE SUIVANTE DE LA FÉE.
Jeunes beautés, tout s'en preſſe à vous plaire;
Mais prévenez les ravages du tems.
L'eſprit, le cœur, le charme des talens
Suſpendent ſa courſe légére,
Et peuvent ſeuls prolonger vos beaux ans.
(*On danſe.*)

VAUDEVILLE.

QUand la beauté ſeule ſéduit,
On s'aime un jour, puis on languit;
L'Amour s'envole, on ſe déteſte.
Mais quand le cœur céde aux talens,
Au caractére, aux ſentimens,
Le tems ſeul fuit, & l'Amour reſte.

Contre ſes parens révolté,
Damon, d'une Idole enchanté,
Va prononcer un ouï funeſte.
Mais les charmes qui l'ont ſéduit,
Bien-tôt ſe fanent, l'Amour fuit,
Et par malheur la Femme reſte.

„ A la Cour j'ai de bons amis,
„ Je ſuis ſûr du Seigneur Damis;
Diſoit un Financier modeſte.
Damis épuiſe le crédit,
L'argent s'eéclipſe l'ami fuit,
Et par malheur la dette reſte.

On

On croit triompher d'un Amant;
On lui réfifte, on fe défend :
Mais c'eft en vain que l'on contefte,
L'Amour de ces combats fourit,
Le moment vient, la raifon fuit,
Et le Galant obftiné refte.

Quand le Parterre s'affoupit,
La Piéce tombe, l'Auteur fuit,
L'envieux rit, & l'Acteur pefte.
Mais quand ie Public applaudit,
L'Auteur fe montre, l'Acteur rit,
L'Envieux fuit, la Piéce refte.

(Contre-Dance.)

F I N.